Rhagair i Rieni

Dyma lyfr i helpu eich plentyn i sillafu ac i ddeall mwy am y Gymraeg. Gallwch ei ddefnyddio i gadarnhau'r gwaith sy'n digwydd yn yr ysgol yn y cyfnod sylfaen. Mae'r llyfr wedi ei anelu at blant 6–8 oed i'w ddefnyddio heb ormod o gymorth gan y rhiant. Dyma'r prif elfennau sydd ynddo:

- patrymau enwau lluosog

- ateb Ydw / Nac ydw; Ydy / Nac ydy; Oes / Nac oes; Oedd / Nac oedd

- gwybodaeth syml ynghylch – trefn yr wyddor, enwau, berfau, ansoddeiriau ac arddodiaid

- geirfa'n ymwneud â dyddiau'r wythnos, y misoedd a'r tymhorau

- diffiniadau syml

Mae'n help i ddewis amser pan na fyddwch chi a'ch plentyn yn rhy flinedig. Bydd eich plentyn yn ymateb yn dda os byddwch yn gwneud y gweithgareddau'n hwyl ac rhoi llawer o anogaeth a chanmoliaeth. Does dim angen mynd drwy'r llyfr mewn unrhyw drefn arbennig, gallwch ddewis a dethol fel y mynnwch. Does dim gwahaniaeth chwaith os nad yw eich plentyn eisiau gwneud pob rhan o bob gweithgaredd ar bob tudalen. Ar dudalen olaf y llyfr mae sêr yn gysylltiedig â phob adran i'r plentyn eu lliwio.

MWYNHEWCH!

Foreword for Parents

This is a book to help your child to spell in Welsh and understand more about Welsh. You can use it to consolidate schoolwork in the foundation phase. The book is aimed at children 6–8 years of age to use without too much help from you as a parent. There is a language help box for those of you who are improving your Welsh at the end of every section. These are the main elements in the book:

- some patterns of plural nouns (it's not only adding **–s** in Welsh)

- answering Yes / No correctly – Welsh has many options

- basic information regarding – alphabetical order, nouns, verbs, adjectives and prepositions

- vocabulary related to the days of the week, the months of the year and the seasons

- simple definitions

It helps if you choose a time when you and your child aren't too tired. Your child will respond well if you make the activities fun and give him/her plenty of encouragement and praise. You don't need to go through the book in any particular order. It doesn't matter either if your child doesn't want to do all of the activities on every page. The last page at the end of the book has stars linked to every section for your child to colour in.

ENJOY!

Yr Wyddor

A a B b C c CH ch D d DD Dd E e F f FF ff G g

NG ng H h I i J j K k L l LL ll M m N n O o P p

PH ph R r RH rh S s T t TH th U u W w Y y

Enwau yw pob un o'r rhain. Helpwch Dwli i ysgrifennu llythyren gyntaf bob gair wrth y llun, ac yna ysgrifennwch yr enwau'n llawn yn nhrefn yr wyddor.

_____   _____ awyren _____

_____   _____

_____   _____

a _____   _____

_____   _____

_____   _____

_____   _____

DWLI'S HELP FOR PARENTS:
The Alphabet
These are all nouns. Help Dwli to write the first letter of the nouns next to each picture and then write their names in full in alphabetical order. Awyren = aeroplane; bws = bus; car = car; fan = van; hofrennydd = helicopter; lorri = lorry; tractor = tractor.
* Now, colour in the **Yr Wyddor** star on page 48.

Nawr, lliwia'r seren â **Yr Wyddor** arni ar dudalen 48.*

Helpwch Eich Plentyn

Help Your Child

CREU BRAWDDEGAU

Forming Sentences

Elin Meek

Lluniau gan Graham Howells

Gomer

Cynnwys

Cyhoeddwyd yn 2005 gan Wasg Gomer, Llandysul, Ceredigion SA44 4JL
www.gomer.co.uk

Adargraffwyd: 2007, 2012, 2014

ISBN 978 1 84323 354 1

® y testun: Elin Meek
® y lluniau: Graham Howells

Dymuna'r cyhoeddwyr gydnabod cymorth Cyngor Llyfrau Cymru.

Argraffwyd gan Wasg Gomer, Llandysul, Ceredigion SA44 4JL

Llythrennau coll

Mae Dwli wedi anghofio ysgrifennu'r llythyren gyntaf ym mhob gair.
Fedri di ei helpu? Cofia mai un llythyren yw **ll**, **ff** a **rh**.

__achgen	__werthin	__edeg
__awen	__erch	__sgol
__rwythau	__aglen	__aeau
__oeden	__astell	__wced
__sgwrn	__afad	__orth
__aneg	__waith	__am
__osan	__wll	__ren
__warae	__air	__ard
__euad	__eidr	__ryr
__eol	__apur	__nys
__yneb	__osyn	__rws

Nawr, lliwia'r seren â
Llythrennau Coll
arni ar dudalen 48.*

5

Ateb yn gywir:
Ydw / Nac ydw

Mae Dwli'n dweud:

Os bydd rhywun yn gofyn cwestiwn i ti sy'n dechrau â: 'Wyt ti . . ?' rhaid ateb:
'Ydw' neu **'Nac ydw'**

1. Ateb y cwestiynau hyn drwy ysgrifennu **Ydw** neu **Nac ydw**:

   a. Wyt ti'n hoffi Dwli? _____

   b. Wyt ti'n gwylio'r teledu weithiau? _____

   c. Wyt ti'n hoffi darllen? _____

   ch. Wyt ti'n byw yn y dref? _____

2. Mae rhywun wedi gofyn cwestiynau i Dwli. Ond mae Dwli'n swil, mae eisiau i ti ysgrifennu'r atebion drosto. Mae ✓ yn golygu **Ydw**, mae ✗ yn golygu **Nac ydw**.

   a. Wyt ti'n hoffi chwythu tân? ✓ _____

   b. Wyt ti'n byw mewn tŷ? ✗ _____

   c. Wyt ti wedi bod i Aberystwyth? ✗ _____

   ch. Wyt ti'n hoffi helpu plant? ✓ _____

DWLI'S HELP FOR PARENTS:
Answering correctly: **Ydw / Nac ydw** (Yes / No)
Dwli says: If someone asks you a question starting with 'Wyt ti . . ?', you must answer **Ydw** or **Nac ydw**.
1. Answer these questions by writing **Ydw** or **Nac ydw**.
a. Do you like Dwli? b. Do you watch television sometimes?
c. Do you like reading? ch. Do you live in a town?
2. Someone has asked Dwli some questions. But Dwli's shy and wants you to write the answers for him. ✓ means **Ydw**, ✗ means **Nac ydw**.
   a. Do you like puffing fire? b. Do you live in a house?
   c. Have you been to Aberystwyth? ch. Do you like helping children?
* Now, colour in the **Ydw / Nac ydw** star on page 48.

Nawr, lliwia'r seren ag **Ydw / Nac ydw** arni ar dudalen 48.*

Ateb yn gywir:
Ydy / Nac ydy

Mae Dwli'n dweud:

Os bydd rhywun yn gofyn cwestiwn i ti sy'n dechrau gydag: 'Ydy . . ?' rhaid ateb:
'**Ydy**' neu '**Nac ydy**'

1. Ateb y cwestiynau hyn drwy ysgrifennu **Ydy** neu **Nac ydy**:

    a.   Ydy hi'n braf heddiw? _____
    b.   Ydy hi'n wyntog? _____
    c.   Ydy pawb yn hapus heddiw? _____
    ch. Ydy hi'n bwrw glaw? _____

2. Mae rhywun yn gofyn cwestiynau am Dwli. Mae Dwli eisiau i ti ysgrifennu'r atebion. Mae ✓ yn golygu **Ydy**, mae ✗ yn golygu **Nac ydy**.

    a.   Ydy Dwli'n byw mewn ogof?   ✓ _____
    b.   Ydy Dwli'n hoffi hufen iâ?   ✓ _____
    c.   Ydy Dwli'n brysur heddiw?   ✗ _____
    ch. Ydy Dwli wedi blino?   ✓ _____

DWLI'S HELP FOR PARENTS:
Answering correctly: **Ydy** and **Nac ydy** (Yes / No)
Dwli says: If someone asks you a question starting with 'Ydy', you must answer **Ydy** or **Nac ydy**.
1. Answer these questions by writing **Ydy** or **Nac ydy**.
   a. Is it fine today? b. Is it windy? c. Is everyone happy today? ch. Is it raining?
2. Someone is asking questions about Dwli. Dwli wants you to write the answers. ✓ means **Ydy**, ✗ means **Nac ydy**.
   a. Does Dwli live in a cave? b. Does Dwli like ice cream? c. Is Dwli busy today? ch. Is Dwli tired?
* Now, colour in the **Ydy / Nac ydy** star on page 48.

Nawr, lliwia'r seren â **Ydy / Nac ydy** arni ar dudalen 48.*

Enwau

Mae Dwli'n dweud:

Mae **enw**'n dweud beth yw rhywbeth. *Draig* ydw i.

Mae Dwli wedi bod yn ysgrifennu stori, ond mae wedi defnyddio lluniau yn lle enwau. Fedri di ei helpu i ysgrifennu'r geiriau cywir yn y bylchau.

Aeth [picture] _____Carys_____ ar y bws i'r [picture] _____

Ar ôl cyrraedd, rhoddodd ei [picture] _____ ar y

bachyn. Yna, aeth i'r [picture] _____ lle roedd

_____ yn disgwyl amdani. Roedd [picture] _____

wrth y bwrdd ac eisteddodd [picture] _____ i ddarllen

[picture] _____ yn dawel. Yna, aeth [picture] _____

draw at y [picture] _____ a dechrau crwydro'r [picture]

_____. Wedyn, canodd [picture] _____ yr ysgol.

Roedd hi'n amser chwarae, a rhedodd [picture] _____

a'i ffrindiau i'r [picture] _____ i chwarae [picture]

_____.

2. Rho gylch o gwmpas yr **enwau** yn y brawddegau hyn:
   e.e. Rydw i'n eistedd mewn (cadair)

   a. Rydw i wedi cael beic newydd.

   b. Rydw i'n hoffi nofio yn y môr.

   c. Dyma fy chwaer.

   ch. Wyt ti wedi bwyta'r tatws?

   d. Mae'r ci bach yn cyfarth.

3. Dewis yr **enw** cywir ar gyfer bob brawddeg.

   mynydd   môr   llygoden   llyfr   gwely

   a. Mae'r _____ rwy'n ei ddarllen yn ddiddorol.

   b. Rwy'n mynd i gysgu yn y _____ bob nos.

   c. Hoff fwyd _____ yw caws.

   ch. Hoffwn ddringo i gopa'r _____.

   d. Rwy'n mwynhau nofio a chwarae yn y _____.

DWLI'S HELP FOR PARENTS:
Nouns
Dwli says: A noun is a name which explains what something is.
E.g. Dwli is a *dragon*.
Dwli has been writing a story, but has used pictures instead of nouns.
   Can you help by writing the correct words next to the pictures?
   (Carys) went on the (bws/bus) to (ysgol/school). Once she arrived, she put her
   (bag) on the peg. Then, she went to her (dosbarth/class), where (her athrawes/
   teacher, Miss/Mrs . . .) was waiting for her. There was (cadair/a chair) at the
   table and (Carys) sat down quietly to read (llyfr/a book). Then, (Carys) went
   over to the (cyfrifiadur/computer) and began searching (we/the web). Then,
   the school (y gloch/bell) rang. It was playtime, and (Carys) and her friends ran
   out to (cae/the field) to play (pêl/ball).
2. Draw a circle around the **nouns** in these sentences. E.g. I'm sitting on a (chair)
a. beic = bike (I've had a new bike); b. môr = sea (I like swimming in the sea); c.
chwaer = sister (Here's my sister); ch. tatws = potatoes (Have you eaten the
potatoes?); d. ci = dog (The dog is barking).
3. Choose the correct noun for each of these sentences.
   a. llyfr = book (The book I'm reading is interesting); b. gwely = bed (I go to
   sleep in the bed every night); c. llygoden = mouse (The mouse's favourite food
   is cheese); ch. mynydd = mountain (I would like to climb to the top of the
   mountain); d. môr = sea (I like swimming and playing in the sea).
* Now, colour in the **Enwau** star on page 48.

Nawr, lliwia'r seren ag
Enwau arni ar
dudalen 48.*

9

Enwau lluosog
-au a -iau

Mae Dwli'n dweud:

Weithiau, er mwyn dangos bod mwy nag un o rywbeth, mae **-au** neu **-iau** ar ddiwedd enw, fel hyn:

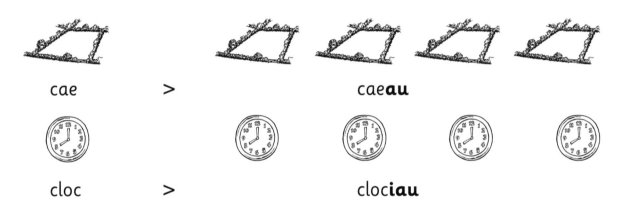

cae   >   cae**au**

cloc   >   cloc**iau**

Dyma fwy o enwau lluosog **-au** a **-iau**

1. Llenwa'r bylchau yn y rhestri gydag **-au** ac **-iau**

Geiriau lluosog **-au**

Unigol	Lluosog
papur	papur**au**
blodyn	blod**au**
brechdan	brechdan___
bwrdd	byrdd___
tegan	tegan___
llwy	llwy___
llong	llong___
llyfr	llyfr___
peth	peth___
rhif	rhif___

Geiriau lluosog **-iau**

Unigol	Lluosog
cot	cot**iau**
cadair	cadeir**iau**
darlun	darlun___
ffrind	ffrind___
tric	tric___
braich	breich___
ffilm	ffilm___
het	het___
clust	clust___
bol	bol___

2. Croesair geiriau lluosog -au a -iau.

Cofia: mae **-au** neu **-iau** ym mhob ateb!

Un llythyren yw ch, dd, ff, ng, ll, rh, th, felly maen nhw'n cael eu rhoi mewn un blwch, nid dau.

Ar draws:

1.

2.

4.

5.

I lawr:

1.

2.

3.

DWLI'S HELP FOR PARENTS:

Plural nouns ending in -au and -iau

1. Dwli says: Sometimes, in order to show more than one of something, we find **-au** and **-iau** at the end of words, such as: cae – caeau (field / fields); cloc – clociau (clock / clocks). Here are more **-au** and **-iau** words. Fill in the gaps in the lists. (List on the left, add **-au**; list on the right, add **-iau**).

2. **-au** and **-iau** plural words crossword.

Remember: **-au** or **-iau** appear in every answer.

ch, dd, ff, ng, ll, rh, th, count as one letter each, so they fit into one box, not two.

Answer: Across: 1. ceffylau = horses; 2. llyfrau = books; 4. grisiau = stairs;

5. llwyau = spoons. Down: 1. clustiau = ears; 2. llysiau = vegetables;

3. ffrindiau = friends.

* Now, colour in the **-au** a **-iau** star on page 48.

Nawr, lliwia'r seren â

–au a **–iau** arni

ar dudalen 48.*

11

Ansoddeiriau

Gair sy'n disgrifio yw **ansoddair**. Pa **ansoddeiriau** sy'n fy nisgrifio i, Dwli? Wel, 'mawr', 'da', 'cryf' a 'gwych', wrth gwrs!

1. Dewis yr **ansoddair** cywir o'r bocs i'w roi yn y bwlch bob tro:

tawel	trist	diflas	dwfn	hardd

a. Roedd y dywysoges yn y stori yn _____ iawn.

b. Diwrnod _____ oedd dydd Llun. Roedd hi'n bwrw glaw.

c. Paid â neidio i mewn i'r dŵr _____.

ch. Pam mae e'n crio? Mae e wedi clywed newyddion _____.

d. Mae athrawon yn hoffi plant _____.

2. Rho gylch o gwmpas pob **ansoddair**:

rhedeg	tal	da	draig	drwg
nofio	byr	llyfr	cyflym	rhagorol

DWLI'S HELP FOR PARENTS:
Adjectives
Dwli says: **Adjectives** are describing words. What **adjectives** describe me, Dwli? Well, large, good, strong and fantastic, of course!
1. Choose the correct **adjective** from the box to fill the gap. a. hardd = beautiful (The princess in the story was very beautiful); b. diflas = miserable (Monday was a miserable day. It was raining); c. dwfn = deep (Don't jump into the deep water); ch. trist = sad (Why is he crying? He's just heard sad news); d. tawel = quiet (Teachers like quiet children).
2. Draw a circle around every **adjective**: tal = tall; da = good; drwg = bad; byr = short; cyflym = fast; rhagorol = excellent.
   Other words: rhedeg = to run; draig = dragon; nofio = to swim; llyfr = book.
* Now, colour in the **Ansoddeiriau** star on page 48.

Nawr, lliwia'r seren ag **Ansoddeiriau** arni ar dudalen 48.*

Ansoddeiriau croes

Mae Dwli'n dweud:

Ansoddeiriau croes yw: *drwg a da.* Maen nhw'n golygu dau beth cwbwl wahanol.

1. Rho linell rhwng yr **ansoddeiriau croes**:

TLAWD	BYR
TEW	TRIST
GOLAU	CYFOETHOG
HIR	RHAD
HAPUS	TYWYLL
DRUD	TENAU

D	I	B	C	U	P	Y	R	I	S
G	U	W	T	A	D	I	M	U	W
I	O	R	E	L	H	C	P	L	T
I	A	Th	D	O	T	A	G	T	R
Rh	A	D	E	G	H	L	T	L	I
H	E	S	Y	O	P	T	A	B	S
Ll	Y	W	Y	T	F	R	E	W	T
Y	T	U	L	P	M	Y	M	W	D
N	H	A	N	H	M	B	C	A	Y
T	E	N	A	U	S	G	W	E	B

2. Nawr chwilia am y geiriau uchod yn y chwilair.

DWLI'S HELP FOR PARENTS:
Opposite adjectives.
Dwli says: *Good* and *bad* are **opposite adjectives**. They mean two completely different things.
1. Draw a line between the **opposite adjectives**: Answer: tew (fat) – tenau (thin); golau (light) – tywyll (dark); hir (long) – byr (short); hapus (happy) – trist (sad); drud (expensive) – rhad (cheap).
2. Now look for these words in the wordsearch.
* Now, colour in the **Ansoddeiriau croes** star on page 48.

Nawr, lliwia'r seren ag **Ansoddeiriau croes** arni ar dudalen 48.*

13

Enwau lluosog -oedd

Mae Dwli'n dweud:

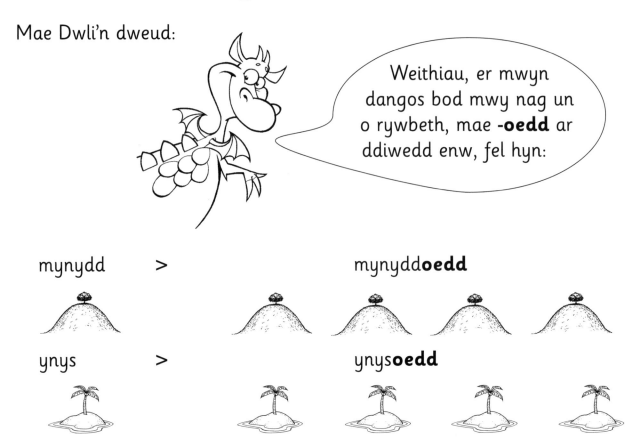

Weithiau, er mwyn dangos bod mwy nag un o rywbeth, mae **-oedd** ar ddiwedd enw, fel hyn:

mynydd > mynydd**oedd**

ynys > ynys**oedd**

1. Rho'r geiriau hyn drwy'r peiriant lluosog:

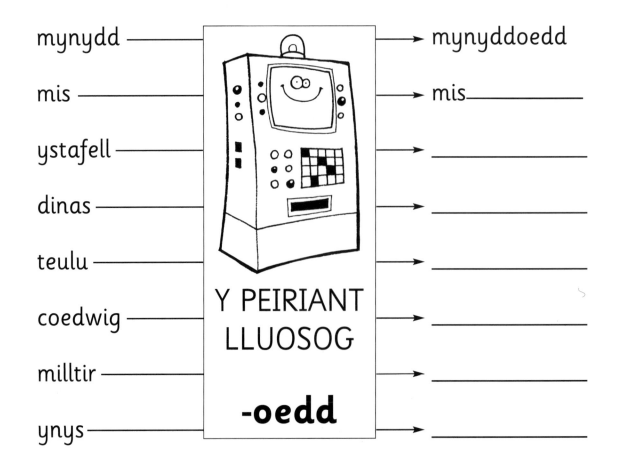

mynydd ⟶ mynyddoedd

mis ⟶ mis_____

ystafell ⟶ _____

dinas ⟶ _____

teulu ⟶ _____

coedwig ⟶ _____

milltir ⟶ _____

ynys ⟶ _____

Y PEIRIANT LLUOSOG

-oedd

14

2. Nawr, llenwa'r bwlch ym mhob brawddeg â'r gair cywir sydd wedi dod o'r peiriant lluosog. Dyma nhw:

ynysoedd misoedd	milltiroedd	ystafelloedd
teuluoedd dinasoedd	mynyddoedd	coedwigoedd

a. Mae llawer o ——————— yn y tŷ.

b. Dwi'n hoffi ——————— Gorffennaf ac Awst.

c. Dwi wedi cerdded ——————— heddiw.

ch. Wyt ti wedi ymweld â ——————— mawr fel Caerdydd a Pharis?

d. Mae llawer o goed mewn ———————.

dd. Mae rhai ——————— uchel yng ngogledd Cymru.

e. Dwi wedi bod mewn cwch i weld ——————— Sir Benfro.

f. Mae ——————— pob plentyn yn y dosbarth yn dod i weld cyngerdd Nadolig yr ysgol.

DWLI'S HELP FOR PARENTS:
Plural nouns ending in -oedd
Dwli says: Sometimes, in order to show that there is more than one of something, we find **-oedd** at the end of words, such as:
mynydd – mynyddoedd (mountain / mountains); ynys – ynysoedd (island / islands).
1. Put these words through the plural machine (by adding **-oedd** to them).
2. Now, fill the gap in each sentence with the correct word that has come out of the plural machine. Here they are (see box). Answer: a. ystafelloedd = rooms; (There are many rooms in the house); b. misoedd = months (I like the months of July and August); c. milltiroedd = miles (I have walked miles today); ch. dinasoedd = cities (Have you visited large cities such as Cardiff and Paris?); c. coedwigoedd = forests (There are many trees in forests); dd. mynyddoedd = mountains (There are some high mountains in north Wales); e. ynysoedd = islands (I've been in a boat to see the islands of Pembrokeshire); f. teuluoedd = families (The families of every child in the class come to see the school Christmas concert).
* Now, colour in the **-oedd** star on page 48.

Naw, lliwia'r seren ag **-oedd** arni ar dudalen 48.*

15

Ateb yn gywir:
Oes / Nac oes

Mae Dwli'n dweud:

Os bydd rhywun yn gofyn cwestiwn yn dechrau gyda '**Oes** . . ?' rhaid ateb: '**Oes**' neu '**Nac oes**'.

1. Ateb y cwestiynau hyn drwy ysgrifennu **Oes** neu **Nac oes:**

   a. Oes brawd gyda ti?/
       Oes gen ti frawd? _____

   b. Oes chwaer gyda ti? /
       Oes gen ti chwaer? _____

   c. Oes anifail anwes gyda ti? /
       Oes gen ti anifail anwes? _____

   ch. Oes rhaid i ti ddal bws i fynd i'r ysgol? _____

   d. Oes rhaid i ti fynd i'r ysgol yn y car? _____

   dd. Oes rhaid i ti gerdded adref o'r ysgol? _____

   e. Oes gwaith cartref gyda ti? /
       Oes gen ti waith cartref? _____

2. Mae rhywun wedi gofyn cwestiynau i Dwli. Ond mae Dwli'n swil, mae eisiau i ti ysgrifennu'r atebion. Mae ✓ yn golygu **Oes**, mae ✗ yn golygu **Nac oes**.

a. Oes rhaid i ti fynd i'r ysgol, Dwli? ✗ _____

b. Oes crafangau gyda ti? /
    Oes gen ti grafangau? ✓ _____

c. Oes teledu gyda ti? / Oes gen ti deledu? ✗ _____

ch. Oes brawd neu chwaer gyda ti? /
    Oes gen ti frawd neu chwaer? ✓ _____

d. Oes car gyda ti? / Oes gen ti gar? ✗ _____

dd. Oes rhaid i ti wneud gwaith cartref? ✗ _____

3. Dyma gwestiynau eraill. Dewisa un o'r atebion o'r blwch bob tro.

Oes	Nac oes	Oes	Nac oes	Oes	Oes

a. Oes siopau yng Nghaerdydd? _____

b. Oes cae pêl-droed ym Mangor? _____

c. Oes brenin yn byw yng Nghymru? _____

ch. Oes anifeiliaid yn byw ar fferm? _____

d. Oes chwe olwyn ar bob car? _____

dd. Oes to ar bob tŷ? _____

DWLI'S HELP FOR PARENTS:
Answering correctly: Oes / Nac oes (Yes / No)
Dwli says: If someone asks you a question starting with 'Oes', you must answer **Oes** or **Nac oes**.

1. Answer these questions by writing **Oes** or **Nac oes**. a. Have you got a brother?; b. Have you got a sister?; c. Have you got a pet?; ch. Do you have to catch a bus to go to school?; d. Do you have to go to school by car?; dd. Do you have to walk home from school?; e. Do you have homework?

2. Someone has asked Dwli some questions. But Dwli's shy and wants you to write the answers. ✓ means **Oes**, ✗ means **Nac oes**. a. Do you have to go to school, Dwli?; b. Have you got claws?; c. Have you got a television?; ch. Have you got a brother or sister?; d. Have you got a car?; dd. Do you have to do homework?

3. Here are some other questions. Choose one of the answers from the box every time. a. Are there shops in Cardiff? (Oes); b. Is there a football pitch in Bangor? (Oes); c. Is there a king living in Wales? (Nac oes); ch. Do animals live on a farm? (Oes); d. Are there six wheels on every car? (Nac oes); dd. Is there a roof on every house? (Oes)

* Now colour in the **Oes / Nac oes** star on page 48.

Nawr, lliwia'r seren
â **Oes / Nac oes** arni
ar dudalen 48.*

Berfau

Mae Dwli'n dweud:

Mae **berf** yn dangos beth sy'n digwydd: Mae Dwli yn *chwarae* a *chwerthin* gyda'i ffrindiau.

1. Mae Dwli'n gwneud rhywbeth ym mhob llun. Edrych ar y llun, a llenwa'r bwlch yn y frawddeg â'r **ferf** gywir.

a. Mae Dwli'n _____

b. Mae Dwli'n _____

c. Mae Dwli'n _____

ch. Mae Dwli'n _____

2. Chwilia am bob **berf** yn y grid a rho gylch amdanyn nhw:

chwerthin	dyn	edrych	pen	bwyta	nofio
siarad	tenau	neuadd	chwarae	gwaith	du
rhedeg	diflas	eistedd	neidio	ysgol	canu
gorwedd	cysgu	darllen	glaw	ymolchi	ffôn

3. Croesair berfau

Ar draws

3. Weithiau rwyt ti'n gwneud hyn os wyt ti'n drist (4)
4. Rwyt ti'n gwneud hyn yn y gegin (7)
8. Rwyt ti'n _____ diod (4)
9. Rhaid cofio _____ am anifail anwes (6)

I lawr

1. Rwyt ti'n gwneud hyn gyda dy drwyn (6)
2. Rwyt ti'n gwneud hyn gyda siswrn (5)
5. Rwyt ti'n gwneud hyn mewn pwll neu yn y môr (5)
6. Mae awyrennau'n gwneud hyn (6)
7. Rwyt ti'n gwneud hyn gyda dy lygaid (5)

DWLI'S HELP FOR PARENTS:

Verbs

Dwli says: A **verb** shows what's happening: Dwli is *playing* and *laughing* with his friends.

1. Dwli's doing something in each picture. Look at the picture and fill in the gap in the sentence with the correct **verb**. Answer: a. bwyta (Dwli is eating); b. cysgu (Dwli is sleeping); c. chwerthin (Dwli is laughing); ch. neidio (Dwli is jumping).
2. Look for every verb in the grid and draw a circle around them. All words except: dyn = man; pen = head; tenau = thin; neuadd = hall; gwaith = work; du = black; diflas = miserable; ysgol = school / ladder; glaw = rain; ffôn = phone.
3. Verb crossword. Across 3. Sometimes you do this if you're sad = crio (cry); 4. You do this in the kitchen = coginio (cook); 8. You _____ a drink = yfed (drink); 9. You have to remember to _____ a pet = gofalu (look after). Down 1. You do this with your nose = arogli (smell); 2. You do this with scissors = torri (cut); 5. You do this in a swimming pool or the sea = nofio (swim); 6. Aeroplanes do this = hedfan (fly); 7. You do this with your eyes = gweld (see).

* Now, colour in the **Berfau** star on page 48.

Nawr, lliwia'r seren â **Berfau** arni ar dudalen 48.*

Enwau lluosog **-od** ac enwau lluosog **anifeiliaid** eraill

Mae Dwli'n dweud:

Weithiau, er mwyn dangos bod mwy nag un o rywbeth, mae **-od** ar ddiwedd enw. Mae llawer o'r rhain yn enwau anifeiliaid.

camel   >   camel**od**

llygoden   >   llyg**od**

1. Tanlinella'r enw lluosog **-od** sydd ddim yn perthyn ym mhob llinell. Meddylia pa fath o greadur yw pob un, ble maen nhw'n byw neu edrych ar lythyren gynta'r gair.

a. llewod   llwynogod   llygod   mwncïod

b. gwylanod   tylluanod   eliffantod   eryrod

c. cathod   morfilod   cwningod   gwiwerod

ch ystlumod   camelod   crwbanod   ceiliogod

2. Edrych ar yr anifeiliaid a'r adar yn ymarfer 1.

Ysgrifenna enw lluosog 2 anifail sy'n byw mewn gwledydd poeth fel Affrica:

1 _____   2 _____

Ysgrifenna enw lluosog 2 anifail anwes:

1 _____   2 _____

Ysgrifenna enw lluosog 2 aderyn:

1 _____   2 _____

3. Dyma enwau mwy nag un o anifeiliaid y fferm:

cŵn	lloi	ieir	defaid
hwyaid	geifr	gwartheg/da	teirw

Llenwa'r rhestr â'r gair cywir:

a. Mwy nag un ci   _____

b. Mwy nag un llo   _____

c. Mwy nag un hwyaden   _____

ch. Mwy nag un ddafad   _____

d. Mwy nag un afr   _____

dd. Mwy nag un fuwch   _____

e. Mwy nag un tarw   _____

DWLI'S HELP FOR PARENTS:

Dwli says: Sometimes, in order to show that there is more than one of something, we find **-od** at the end of words. Many of these are the plurals of animals such as: camel – camel**od** (camel / camels); llygoden – llyg**od** (mouse / mice).

1. Underline the plural noun ending in **-od** that doesn't belong in each line. Think what kind of creatures they are, where they live or look at the first letter of the word. Answer: a. mwncïod (all others begin with ll); b. eliffantod (all the others are birds); c. morfilod (the only sea creature); ch. ystlumod (all the others start with c).

2. Look at the animals in exercise 1. Write the names of 2 animals that live in hot countries like Africa: eliffantod, camelod; llewod; mwncïod. Write the names of 2 pets: cathod, cwningod; llygod, crwbanod; Write the names of 2 birds: gwylanod, tylluanod, eryrod, ceiliogod.

3. Here are the plural nouns of farm animals. Complete the list with the correct word. e.g. More than one dog = cŵn b. More than one calf = lloi; c. More than one duck = hwyaid; ch. More than one sheep = defaid; d. More than one goat = geifr; e. More than one cow = gwartheg / da; f. More than one bull = teirw.

4. Chwilair lluosog anifeiliaid.

Mae'r geiriau'n mynd i fyny, i lawr, ar draws, yn ôl ac yn lletraws.

Ll	Y	G	O	D	P	D	D	W	N	Ŵ	C
F	L	T	W	R	I	E	T	O	E	W	Ff
T	Y	S	T	L	U	M	O	D	M	F	R
D	E	F	A	I	D	Ll	E	C	U	A	I
I	O	B	M	R	D	H	L	D	L	I	E
F	A	N	F	W	W	O	O	C	T	D	I
P	A	I	A	Y	N	Ng	H	S	Ll	B	I
P	E	D	A	B	I	C	L	Y	Y	O	R
G	P	I	P	N	W	E	Ï	P	Ll	I	I
A	D	B	W	Y	H	R	D	O	Th	A	C
H	F	C	A	M	B	G	C	D	D	N	T
S	J	C	A	M	E	L	O	D	C	M	N

Camelod	Cwningod	Ieir	Teirw
Cathod	Defaid	Lloi	Ystlumod
Crwbanod	Geifr	Llygod	
Cŵn	Hwyaid	Mwncïod	

DWLI'S HELP FOR PARENTS:

4. Plural wordsearch: animals. The words can be found horizontally, vertically and diagonally.

camelod = camels; cathod = cats; crwbanod = tortoises; cŵn = dogs; cwningod = rabbits; defaid = sheep; geifr = goats; hwyaid = ducks; ieir = hens; lloi = calves; llygod = mice; mwncïod = monkeys; teirw = bulls; ystlumod - bats.

* Now, colour in the **-od** star on page 48.

Nawr, lliwia'r seren
ag **-od** arni
ar dudalen 48.*

Cymariaethau

Mae Dwli'n dweud:

Wyt ti'n gwybod y pennill yma?
Llwyd fel yr asyn,
Coch fel y tân,
Gwyn fel yr eira,
Du fel y frân.

Mae **cymhariaeth** ym mhob llinell achos rwyt ti'n dweud bod rhywbeth *fel* rhywbeth arall.

1. Dewisa air o'r blwch i orffen y **cymariaethau** hyn.

pluen	môr	llygoden
mellten	malwoden	mochyn

a.   Roedd Dwli'n chwyrnu fel <u>mochyn</u>.

b.   Mae llygaid Alys yn las fel y ————.

c.   Rhaid cerdded yn dawel fel ————.

ch. Mae'r car yn mynd yn gyflym fel ————.

d.   Roedd y dyn yn cerdded yn araf fel ————.

dd. Roedd y papur yn ysgafn fel ————.

Nawr, lliwia'r seren â **Cymariaethau** arni ar dudalen 48.*

Geiriau'r De a Geiriau'r Gogledd

Mae Dwli'n dweud:

Mae rhai geiriau gwahanol yn cael eu defnyddio yn y De a'r Gogledd. Yn y De, maen nhw'n dweud 'llaeth', ond yn y gogledd maen nhw'n dweud 'llefrith'.

1. Dyma fwy o eiriau gwahanol. Cysyllta'r geiriau sy'n golygu'r un peth.

De Cymru	Gogledd Cymru
tad-cu	fferins
mam-gu	geneth
llaeth	taid
nawr	gwirion
merch	hogyn
dere	rŵan
bachgen	nain
losin	llefrith
dwl	tyrd

2. Pwy sy'n siarad: rhywun o'r De neu rywun o'r Gogledd? Ysgrifenna 'De' neu 'Gogledd' ar ddiwedd pob brawddeg.

   a   'Dyma ddiod o lefrith i ti.'   <u>Gogledd</u>

   b. 'Wyt ti eisiau losin?'   _____

   c. 'Rwyt ti'n eneth dda.'   _____

   ch. 'Mae mam-gu'n garedig.'   _____

   d. 'Tyrd yma'r hogyn gwirion!'   _____

   dd. 'Oes llaeth ar ôl?'   _____

3. Dyma fap o Gymru. Llenwa'r bylchau â'r geiriau cywir o'r **De a'r Gogledd** sydd yn Ymarfer 1.

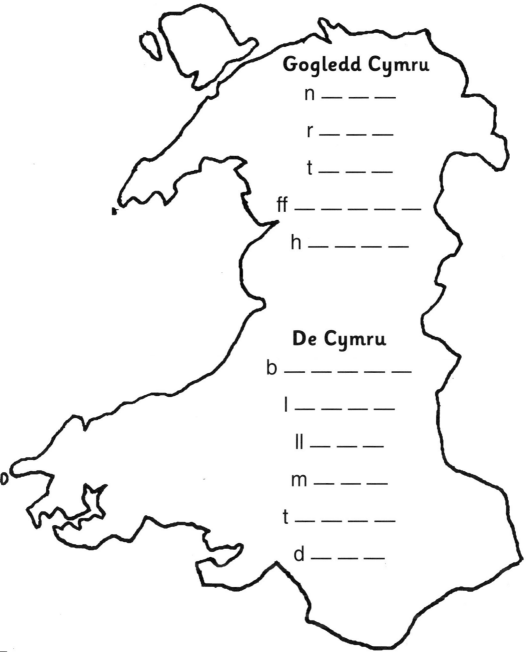

Gogledd Cymru

n — — —

r — — —

t — — —

ff — — — — —

h — — — —

De Cymru

b — — — — —

l — — — —

ll — — —

m — — —

t — — — —

d — — —

DWLI'S HELP FOR PARENTS:
North Walian and South Walian words
Dwli says: Some different words are used in the North and the South. In the South they use 'llaeth' for 'milk' but in the North they use 'llefrith'.

1. Here are some more different words. Link the words that have the same meaning. (Answer tad-cu – taid (grandfather); mam-gu – nain (grandmother); llaeth – llefrith (milk); nawr – rŵan (now); merch – geneth (girl); dere – tyrd (come); bachgen – hogyn (boy); losin – fferins (sweets); dwl – gwirion (silly).
2. Who's speaking: someone from the South or the North? Write 'South' or 'North' at the end of each sentence. (Answer: b. South; c. North; ch. South; d. North; dd. South).
3. Here is a map of Wales. Fill in the blanks with the correct words from the North and the South (See Exercise 1) North: nain, rŵan, taid/tyrd, fferins, hogyn. South: bachgen; losin, llaeth, merch, tad-cu, dere.
* Now, colour the **De a Gogledd** star on page 48.

Nawr, lliwia'r seren â **De a Gogledd** arni ar dudalen 48.*

25

Enwau lluosog -i

Mae Dwli'n dweud:

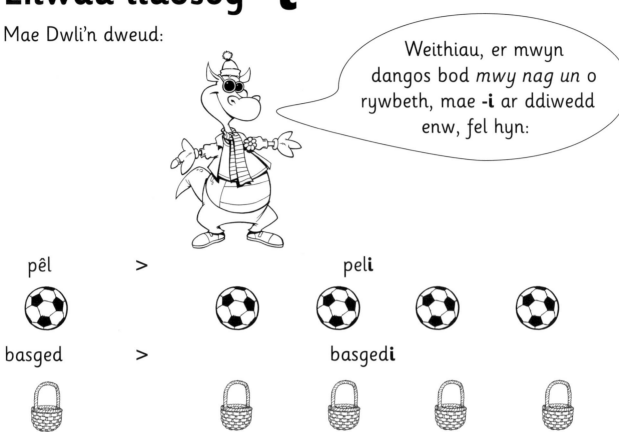

Weithiau, er mwyn dangos bod *mwy nag un* o rywbeth, mae **-i** ar ddiwedd enw, fel hyn:

pêl	>	pel**i**

basged	>	basged**i**

1. Rho'r geiriau hyn drwy'r peiriant lluosog:

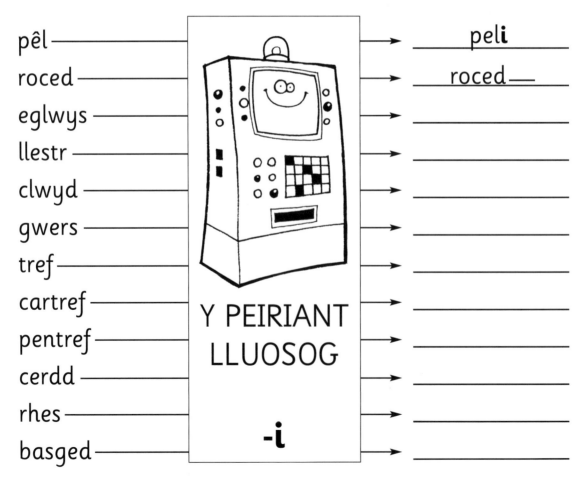

pêl	→	pel**i**
roced	→	roced—
eglwys	→	
llestr	→	
clwyd	→	
gwers	→	
tref	→	
cartref	→	
pentref	→	
cerdd	→	
rhes	→	
basged	→	

Y PEIRIANT LLUOSOG **-i**

2. Mae enw lluosog **-i** yn yr ateb i bob cliw ac mae'r geiriau i gyd wedi dod o'r peiriant lluosog yn ymarfer 1.

Cliw:

Ateb:

a. Rwyt ti'n cael y rhain yn yr ysgol.   _gwersi_

b. Mae'r rhain yn gallu mynd i'r lleuad.   _____

c. Rydyn ni i gyd yn byw mewn un o'r rhain.   _____

ch. Mae ein bwyd yn cael ei roi ar y rhain.   _____

d. Mae rhai pobl yn mynd yma ar ddydd Sul.   _____

dd. Mae llawer o siopau yn y rhain.   _____

e. Weithiau mae'r rhain yn odli.   _____

f. Rydyn ni'n defnyddio'r rhain i siopa.   _____

3. Mae'r geiriau isod wedi dod allan yn anghywir o'r peiriant lluosog. Wyt ti'n gallu eu hysgrifennu nhw'n gywir? Cofia: mae pob gair yn gorffen ag **-i**. Cofia hefyd: un llythyren yw ll a rh.

a. leip   _peli_

b. serhi   _____

c. iywnll   _____

ch. trselli   _____

d. nepertfi   _____

DWLI'S HELP FOR PARENTS:
Plural nouns ending in -i

Some words end in **-i** to show that there is more than one of something.

1. Put these words through the Plural Machine (add **-i** to each one to create the plural).

2. The answers to the clues are all plural nouns ending in **-i** and all the words are in exercise 1. Answer: a. You have these in school – gwersi = lessons. b. These can go to the moon – rocedi = rockets; c. We all live in one of these – cartrefi = homes; ch. Our food is placed on these – llestri = dishes; d. Some people go here on Sunday – eglwysi = churches; dd. There are lots of shops in these – trefi = towns; e. Sometimes these rhyme – cerddi = poems; f. We use these when shopping – basgedi = baskets.

3. These words have come out wrongly from the plural machine. Can you write them correctly? Remember: all the words end with **-i**. Also remember: ll and rh are one letter. a. peli = balls; b. rhesi = rows; c. llwyni = bushes; ch. llestri = dishes; d. pentrefi = villages.

* Now, colour in the **–i** star on page 48.

Nawr, lliwia'r seren â
-i arni
ar dudalen 48.*

Arddodiaid

Mae Dwli'n dweud:

Mae llawer o **arddodiaid** yn dangos ble mae rhywbeth: Mae Dwli *yn* yr ogof.

1. Ysgrifenna'r frawddeg gywir o dan y llun bob tro. Dyma'r brawddegau:

Mae Dwli o dan y bwrdd.
Mae Dwli yn y car.
Mae Dwli y tu ôl i'r goeden.

Mae Dwli wrth y tân.
Mae Dwli ar ben y wal.
Mae Dwli o flaen yr ogof.

a. Mae Dwli yn y car.

b. _____

c. _____

ch. _____

d. _____

dd. _____

2.

Edrych ar y llun. Nawr ysgrifenna'r brawddegau sy'n wir o dan **GWIR** a'r brawddegau sydd ddim yn wir o dan **GAU**.

    a. Mae Dwli o dan y gadair.   b. Mae Carlo'r ci ar y bwrdd.

    c. Mae diod yn y gwydr.   ch. Mae llyfrau ar y silff.

    d. Does dim llun ar y wal.   dd. Mae blodau y tu ôl i'r llyfrau.

GWIR   **GAU**

_____   _____

_____   _____

_____   _____

_____   _____

DWLI'S HELP FOR PARENTS:
Prepositions
Dwli says: There are many **prepositions** that show where things are positioned. Dwli is *in* the cave.

1. Write the correct sentence under each picture every time. Here are the sentences: Dwli is under the table. Dwli is by the fire. Dwli is in the car. Dwli is on the wall. Dwli is behind the tree. Dwli is in front of the cave.

2. Look at the picture. Now write the sentences that are true under **GWIR** and those that are false under **GAU**. GWIR: c. There is a drink in the glass; ch. There are books on the shelf. GAU: a. Dwli is under the chair; b. Carlo the dog is on the table; d. There isn't a picture on the wall; dd. The flowers are behind the books.

* Now, colour in the **Arddodiaid** star on page 48.

Nawr, lliwia'r seren ag **Arddodiaid** arni ar dudalen 48.*

Oedd / Nac oedd

Mae Dwli'n dweud:

Os bydd rhywun yn gofyn cwestiwn sy'n dechrau ag **'Oedd** . . ?' fel arfer, rhaid ateb **'Oedd'** neu **'Nac oedd'**.

Dyma lun o Dwli ar ei wyliau haf y llynedd:

1. Edrych ar y llun yn ofalus.
   Ateb y cwestiynau hyn – **Oedd** neu **Nac oedd**.

   a. Oedd Dwli ar ei wyliau yn Aberdaron? —————————

   b. Oedd hi'n braf? —————————

   c. Oedd cymylau yn yr awyr? —————————

   ch. Oedd Dwli'n gwisgo trwncs ar y traeth? —————————

   d. Oedd rhwyd bysgota gan Dwli? —————————

   dd. Oedd rhaw ganddo fe? —————————

   e. Oedd llawer o gregyn ar y traeth? —————————

   f. Oedd gwymon ar y traeth? —————————

2. Nawr ateb y cwestiynau hyn am ddoe gan ateb **Oedd** neu **Nac oedd**.

a.   Oedd hi'n braf ddoe?   _____

b.   Oedd dy ffrind yn yr ysgol ddoe?   _____

c.   Oedd dy ffrind yn hapus ddoe?   _____

ch. Oedd gwers ymarfer corff gen ti ddoe?   _____

d.   Oedd dy ginio'n flasus ddoe?   _____

dd. Oedd hi'n wyntog ddoe?   _____

e.   Oedd rhaid i'r athro/athrawes weiddi ddoe?   _____

f.   Oedd rhaid gwneud mathemateg ddoe?   _____

ff. Oedd rhaid mynd i nofio ddoe?   _____

g.   Oedd llawer o geir ar y ffordd ddoe?   _____

DWLI'S HELP FOR PARENTS:
Oedd / Nac Oedd
Dwli says: If someone asks a question beginning with **Oedd?**
you must usually answer: **Oedd** or **Nac oedd**.
Here is a picture of Dwli on his holiday last year.
1. Look carefully at the picture. Now answer these questions – **Oedd** or **Nac oedd**.
   a. Was Dwli on his holidays in Aberdaron? b. Was the weather fine? c. Were there clouds in the sky? ch. Was Dwli wearing trunks on the beach? d. Did Dwli have a fishing net? dd. Did he have a spade? e. Were there many shells on the beach? f. Was there seaweed on the beach?
2. Now answer these questions about yesterday, answering either **Oedd** or **Nac oedd**.
   a. Was it fine yesterday? b. Was your friend in school yesterday? c. Was your friend happy yesterday? ch. Did you have a PE lesson yesterday? d. Was your lunch tasty yesterday? dd. Was it windy yesterday? e. Did the teacher have to shout yesterday? f. Did you have to do maths yesterday? ff. Did you have to go swimming yesterday? g. Were there many cars on the road yesterday?
* Now, colour in the **Oedd / Nac oedd** star on page 48.

Nawr, lliwia'r seren ag
Oedd / Nac oedd arni
ar dudalen 48.*

31

Ar lan y môr

Mae Dwli'n dweud:

Dwi ar fy ngwyliau ar lan y môr. Dwi wedi ysgrifennu cerdyn post atat ti. Ond mae rhai geiriau ar goll. Wnei di fy helpu?

1. Addurna'r stamp.
2. Ysgrifenna dy enw a'th gyfeiriad a rho dy enw ar ôl 'Annwyl'.
3. Edrych ar y llun sydd ar y cerdyn post a rho'r geiriau cywir o'r blwch yn y brawddegau.

gwymon	cregyn	castell	tywod
clogwyn	traeth	tonnau	cranc

Dydd Llun

POST DWLI

Annwyl _____
Dwi'n mwynhau yma ar fy ngwyliau, yn chwarae ar y _____ ac yn mynd i nofio yn y _____. Dwi'n gwneud _____ ac yn casglu _____ i'w rhoi arno. O dan y _____ mawr mae pwll ac yno mae Carwyn y _____ yn byw. Weithiau mae e'n cuddio yng nghanol y _____

Cofion gorau
Dwli

Enw: _____

Cyfeiriad: _____

_____

_____

_____

DWLI'S HELP FOR PARENTS:
At the Seaside
Dwli says. I'm on my holidays at the seaside. I've written you a postcard. But there are some words missing. Will you help me?
1. Decorate the stamp 2. Write your name and address on the postcard and write your name after 'Annwyl' = Dear. 3. Look at the picture on the postcard and place the correct words from the box in the sentences.
Monday. Dear _____ I'm enjoying here on my holidays, playing on the (traeth) beach and going swimming in (tonnau) waves. I'm making (castell tywod) a sandcastle and collecting (cregyn) shells to put on it. Under the large (clogwyn) cliff there is a pool and Carwyn the (cranc) crab lives there. Sometimes he hides among the (gwymon) seaweed. Best wishes Dwli.
* Now, colour the **Ar lan y môr** star on page 48.

Nawr, lliwia'r seren ag **Ar lan y môr** arni ar dudalen 48.*

Enwau lluosog -**ydd**

Mae Dwli'n dweud:

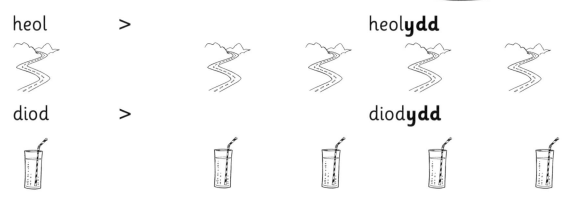

Weithiau, er mwyn dangos bod *mwy nag un* o rywbeth, mae **-ydd** ar ddiwedd enw, fel hyn:

heol >   heol**ydd**

diod >   diod**ydd**

Dyma fwy o eiriau lluosog -**ydd**

Unigol	Lluosog	Unigol	Lluosog
bwyd	bwydydd	fforest	fforestydd
cawod	cawodydd	chwaer	chwiorydd
storm	stormydd	fferm	ffermydd

1. Dewisa'r gair lluosog **–ydd** cywir i'w roi ym mhob bwlch.

 a. Rwy'n hoffi yfed _____ poeth yn y gaeaf.

 b. Mae _____ trwm o eira wedi disgyn.

 c. Mae coed mawr yn tyfu yn _____ Cymru.

 ch. Mae llawer o _____ yn y wlad.

 d. Mae _____ blasus iawn yn y siop.

 dd. Mae brodyr a _____ Daniel yn yr ysgol.

Dwli's help for parents.
Plural nouns ending in –ydd. Sometimes, –ydd is added to words to convey the plural. Looks at these examples.
1. Choose the correct plural nouns ending with -ydd to fill every gap.
Answer: a. diodydd = drinks (I like drinking hot _____ in winter);
b. cawodydd = showers (Heavy _____ of snow have fallen); c. fforestydd = forests (Large trees grow in Welsh _____); ch. ffermydd = farms (There are many _____ in the countryside); d. bwydydd = foods (There are tasty _____ in the shop); dd. chwiorydd = sisters (Daniel's brothers and _____ are in school).
* Now colour in the **–ydd** star on page 48.

Nawr, lliwia'r seren ag **-ydd** arni ar dudalen 48.*

Chwilair
Misoedd y flwyddyn

Helpa Dwli i ddod o hyd i enwau **misoedd y flwyddyn**. Cofia, gallant fod ar draws neu i lawr, am yn ôl neu'n lletraws.

D	J	K	C	Ch	Th	B	W	E	A	K	S	M	W	R
U	N	C	J	R	W	X	W	J	X	W	P	I	Q	L
M	B	Rh	W	Ch	D	E	B	R	I	Ll	S	S	Z	C
E	H	A	L	L	D	B	F	P	R	M	M	T	F	U
H	M	O	S	E	L	K	H	R	L	V	E	S	W	I
E	D	N	P	R	U	S	Z	A	O	L	D	Rh	O	R
F	O	G	A	M	O	A	W	B	A	R	I	N	L	Y
I	M	T	M	G	W	W	S	N	Ch	N	A	A	B	F
N	Dd	A	F	G	D	C	F	Ch	G	W	P	P	O	G
E	I	E	Dd	G	P	I	P	I	R	O	Y	I	T	A
Ch	Dd	M	W	S	Ch	E	Ff	R	F	M	U	P	Ff	Rh
Ch	H	Rh	M	Ch	R	R	Y	O	U	O	Th	Dd	Y	M
J	Ll	T	Rh	F	A	B	L	E	Ll	L	Ff	H	M	G
H	U	I	R	Ll	O	T	Th	E	C	E	Ff	R	L	U
T	G	O	R	Ff	E	N	N	A	F	E	R	D	Y	H

Ionawr	Chwefror	Mawrth	Ebrill
Mai	Mehefin	Gorffennaf	Awst
Medi	Hydref	Tachwedd	Rhagfyr

DWLI'S HELP FOR PARENTS:
Help Dwli find the names of the **months of the year**. Remember, they can be found across or down, backwards or diagonally.
Ionawr = January; Chwefror = February; Mawrth = March; Ebrill = April; Mai = May; Mehefin = June; Gorffennaf = July; Awst = August; Medi = September; Hydref = October; Tachwedd = November; Rhagfyr= December.
* Now, colour in the **Misoedd y Flwyddyn** star on page 48.

Nawr, lliwia'r seren â **Chwilair Misoedd** arni ar dudalen 48.*

Y Tymhorau

Mae Dwli'n dweud:

Dyma'r tymhorau:

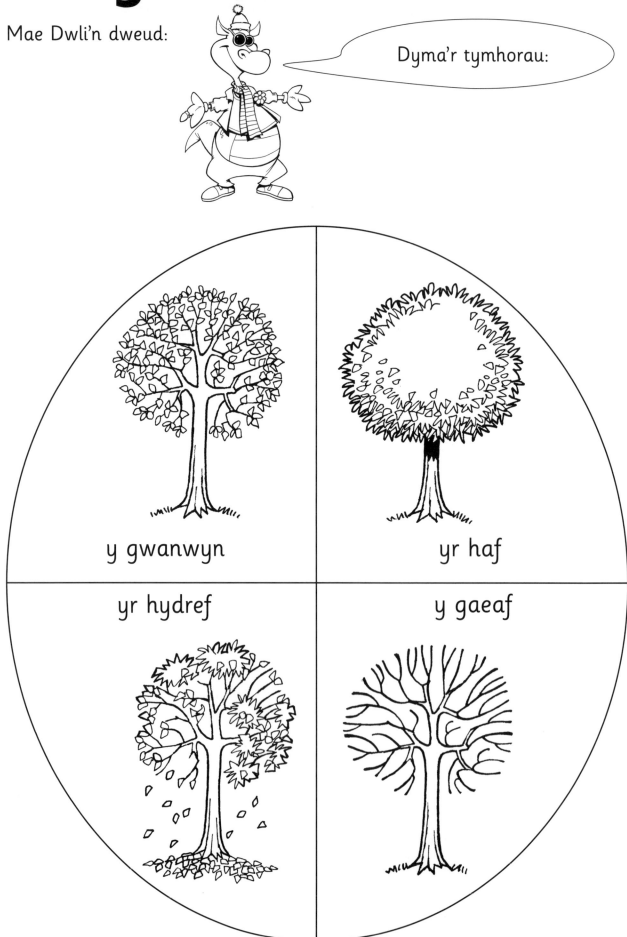

y gwanwyn

yr haf

yr hydref

y gaeaf

1. Dyma frawddegau'n disgrifio beth mae Dwli'n ei wneud.
   Rhaid i ti ysgrifennu enw'r **tymor** cywir bob tro.
   e.e. Mae Dwli'n hoffi mynd i lan y môr yn yr *haf*.

   a.   Weithiau bydd Dwli'n ceisio dal y dail sy'n disgyn yn yr ——————————.

   b.   Mae ffrind Dwli, Dilys y ddafad, yn cael oen bach yn y ——————————.

   c.   Pan fydd hi'n bwrw eira yn y ——————————, mae Dwli'n adeiladu dyn eira.

   ch. Mae hi'n dechrau nosi cyn i Dwli fynd i'r gwely yn yr ——————————.

   d.   Os bydd hi'n braf iawn yn yr ——————————, mae Dwli'n hoffi bwyta hufen iâ.

   dd. Mae Dwli'n dathlu'r Nadolig yn ystod y ——————————.

   e.   Mae Dwli'n hoffi gweld y dail newydd ar y coed yn y ——————————.

   f.   Weithiau bydd Dwli'n codi castell tywod ar y traeth yn yr ——————————.

Lliwia'r seren â
Y Tymhorau arni
ar dudalen 48.*

Geiriau am y tymhorau:
Y Gwanwyn

Mae Dwli'n hoffi'r gwanwyn! Darllen y darn hwn am y gwanwyn:

Yn y gwanwyn, mae'r garddwr yn mynd allan i **hau hadau**. Wedyn mae'r hadau'n **egino** ac mae **planhigion** yn **tyfu**. Mae'r dydd yn **ymestyn** ac wedyn mae hi'n dal yn olau pan fydda i'n mynd i'r gwely. Dwi'n hoffi gweld y coed yn **blaguro** ac yna mae'r dail yn ymddangos. Mae'r ŵyn bach yn cael eu geni ac maen nhw'n **prancio** yn y caeau.

Croesair geiriau'r gwanwyn:

Ar draws
2. Rhoi hadau yn y pridd (5)
3. Mae planhigion yn gwneud hyn (4)
5. Gair arall am 'hadau'n dechrau tyfu' (5)
6. Mae ŵyn bach yn —————— yn y cae (7)

I lawr
1. Gair arall am 'dail yn agor ar y goeden' (7)
4. Mae'r dydd yn —————— yn y gwanwyn (7)

Nawr, lliwia'r seren â **Y Gwanwyn** arni ar dudalen 48.*

Geiriau am y tymhorau:
Yr Haf

Mae Dwli'n dwlu ar yr haf!

Yn yr haf mae hi'n **cynhesu** neu'n **twymo**. Bydda i'n bwyta hufen iâ weithiau pan fydd y tywydd yn boeth. Mae rhai pobl yn gorwedd yn yr haul ac yn **torheulo**. Rhaid rhoi **eli haul** ar y croen, neu byddwn ni'n **llosgi**. Yn yr ardd, mae'r planhigion yn **blodeuo**. Mae hi'n bwrw glaw weithiau, ond mae hi'n **heulog** hefyd!

Chwilair yr haf:

Th	E	O	P	P	M	Dd	Th	U	S	N	P	C	R	F
Y	B	E	D	G	Rh	Th	A	U	Ff	O	S	Th	T	Ll
N	U	Ff	C	Ff	S	I	Y	Ll	S	E	F	W	U	T
H	L	S	Th	Dd	L	E	M	Y	D	M	L	O	S	I
H	B	H	E	Y	P	S	Ll	S	J	T	U	J	L	O
Rh	T	Th	W	H	B	B	D	A	O	R	S	O	T	W
L	Ll	G	E	O	N	B	F	R	Th	S	D	L	Th	A
U	O	W	S	Rh	U	Y	H	B	Rh	Th	R	L	S	E
A	S	E	O	W	T	E	C	H	U	F	E	N	I	Â
H	G	M	Rh	W	U	A	C	H	F	Y	C	E	H	C
I	I	M	Y	L	R	G	C	E	E	Rh	G	O	Y	O
L	I	M	O	U	E	D	O	L	B	U	D	Dd	E	Ll
E	O	N	E	Th	T	Dd	Ll	Dd	L	M	L	H	Y	Dd
R	S	Rh	E	T	Y	H	M	I	Th	Ch	Th	O	Th	A
N	O	E	M	U	W	Rh	G	H	N	Th	Ff	E	G	G

blodeuo
gwyliau
poeth
cyhnesu
heulog
twymo
eli haul
hufen iâ
torheulo
llosgi

DWLI'S HELP FOR PARENTS:
Vocabulary related to the seasons: Summer
Dwli enjoys the summer! In the summer it gets **warmer** or **warms up**. I sometimes eat ice cream when the weather's hot. Some people lie in the sun and **sunbathe**. We have to put **suncream** on the skin or we'll **burn**. In the garden, plants flower. It sometimes rains, but it's **sunny** as well!
Wordsearch: Words related to summer.
 * Now, colour in the **Yr Haf** star on page 48.

Nawr, lliwia'r seren â
Yr Haf arni
ar dudalen 48.*

Geiriau am y tymhorau:
Yr Hydref

Mae Dwli wrth ei fodd yn yr hydref!

Yn yr hydref, mae rhai planhigion yn **gwywo**. Mae'r dail ar y coed yn hardd ac yn lliwgar ac **amryliw**: coch, melyn, oren a phorffor. Maen nhw'n **crino** ac yna'n **disgyn** oddi ar y coed. Mae hi'n dechrau **nosi**'n gynnar yn yr hydref ac mae'r dydd yn **byrhau**. Weithiau mae hi'n **stormus** iawn yn yr hydref, yn wyntog ac yn wlyb.

Chwilia am y **diffiniad** cywir i bob gair. Yna, lliwia'r gair a'r diffiniad cywir yr un lliw.

Gair	Diffiniad
gwyntog	a. lliwgar
amryliw	b. mynd yn fyrrach
crino	c. gair i ddisgrifio pan fydd y gwynt yn chwythu'n gryf
nosi	ch. gair i ddisgrifio planhigyn yn marw
byrhau	d. gair arall am 'gwywo'; mae dail yn gwneud hyn
stormus	dd. syrthio; cwympo
disgyn	e. mynd yn nos
gwywo	f. gair i ddisgrifio tywydd gwyntog a gwlyb iawn

DWLI'S HELP FOR PARENTS:
Vocabulary related to the seasons: Autumn
Dwli's in his element in the autumn! In the autumn, some plants **wither**. The leaves on the trees are beautiful and **colourful**: red, yellow, orange and purple. They **shrivel** and then **fall** from the trees. It starts **getting dark** early in the autumn and the day **gets shorter**. Sometimes it's very **stormy** in the autumn, windy and wet.
Definitions of words linked to autumn. Look for the correct definition for every word. Then colour the word and the definition the same colour.
gwyntog = windy (c. a word to describe when the wind is blowing strongly); amryliw = (a. colourful); crino = (d. another word for 'wither'; leaves do this); nosi = (e. to get dark); byrhau = (b. to become shorter); stormus = stormy (f. a word to describe very windy and wet weather); disgyn = (dd. to fall); gwywo = (ch. a word to describe a plant dying).
* Now, colour in the **Yr Hydref** star on page 48.

Nawr, lliwia'r seren â **Yr Hydref** arni ar dudalen 48.*

Geiriau am y tymhorau:
Y Gaeaf

Mae Dwli'n gwirioni ar y gaeaf!

Yn y gaeaf, mae'r tywydd yn **oeri**. Weithiau bydd hi'n **rhewi** yn ystod y nos. Rhaid imi wisgo dillad fel het, sgarff a menig i gadw'n gynnes. Os bydd hi'n **bwrw eira**, rwy'n hoffi adeiladu **dyn eira**, taflu **peli eira** a rholio un belen enfawr i wneud **caseg eira**. Ond ar ôl tipyn, mae'r eira'n **toddi**, yn **dadlaith** neu'n **meirioli** ac yna mae'n diflannu.

Cywir neu Anghywir?

a. Mae pawb yn torheulo yn y gaeaf.   <u>Anghywir</u>

b. Mae'r garddwr yn hau hadau yn y gaeaf.   _____

c. Weithiau bydd hi'n rhewi yn y gaeaf.   _____

ch. Mae'r ŵyn bach yn prancio yn y gaeaf.   _____

d. Mae'r tywydd yn oeri yn y gaeaf.   _____

dd. Does dim rhaid gwisgo dillad cynnes
    yn y gaeaf.   _____

e. Dydy'r eira byth yn toddi neu'n dadlaith
    yn y gaeaf.   _____

DWLI'S HELP FOR PARENTS:
Vocabulary related to the seasons: Winter
Dwli's mad about winter! In the winter, the weather gets **colder**. Sometimes it **freezes** during the night. I have to wear clothes like a hat, scarf and gloves to keep warm. If it **snows** I like building a **snowman**, throwing **snowballs** and rolling one huge ball to make a large **snowball**. But after a while the snow **melts** (3 words) and then it disappears.
True or false? a. Everyone sunbathes in winter (F); b. The gardener sows seeds in winter; c. It sometimes freezes in winter; ch. The little lambs frolic in winter; d. The weather gets colder in winter; dd. There's no need to wear warm clothing in winter; e. Snow never melts in winter.
* Now, colour in the **Y Gaeaf** star on page 48.

Nawr, lliwia'r seren â
Y Gaeaf arni
ar dudalen 48.*

Dyddiau'r wythnos

Mae Dwli'n dweud:

Dyma fy nyddiadur ar gyfer yr wythnos hon.

Dydd Sul	Mynd i weld Mam-gu / Nain
Dydd Llun	Gwers nofio
Dydd Mawrth	Chwarae pêl-droed
Dydd Mercher	Gwers chwythu tân
Dydd Iau	Mynd i siopa yn Siop y Ddraig Goch
Dydd Gwener	Chwarae tennis
Dydd Sadwrn	Parti fy ffrind Dyfrig

1. Ysgrifenna enw'r dydd cywir ym mhob brawddeg. Cofia sillafu'n gywir!

a. Bydd Dwli'n cicio pêl ddydd _____

b. Efallai bydd Dwli'n llosgi rhywbeth ddydd _____

c. Bydd Dwli'n bwyta jeli ac yn yfed pop ddydd _____

ch. Bydd Dwli'n mynd yn wlyb i gyd ddydd _____

d. Bydd Dwli'n rhoi pethau mewn basged ddydd _____

dd. Bydd Dwli'n defnyddio raced ddydd _____

e. Bydd Dwli'n cael cusan gan ei fam-gu/nain ddydd _____

Dyma dy ddyddiadur di.

Dydd Sul	
Dydd Llun	
Dydd Mawrth	
Dydd Mercher	
Dydd Iau	
Dydd Gwener	
Dydd Sadwrn	

2. Dewis pa ddiwrnod rwyt ti'n mynd i wneud y pethau hyn a llenwa'r dyddiadur:

mynd i barti ffrind   chwarae gyda fy ffrind

darllen llyfr   helpu yn y tŷ

mynd i nofio   gwylio fy hoff raglen deledu

mynd i siopa

DWLI'S HELP FOR PARENTS:
The days of the week

Dwli says: This is my diary for this week. Sunday – Going to see Granny; Monday – Swimming lesson; Tuesday – Playing football; Wednesday – Fire blowing lesson; Thursday – Going shopping in the Red Dragon Shop; Friday – Playing tennis; Saturday – My friend Dyfrig's party.

1. Write the name of the correct day in each sentence. Remember to spell correctly!
   a. Dwli will be kicking a ball on _____; b.Dwli might burn something on _____; c. Dwli will be eating jelly and drinking pop on _____; ch. Dwli will be getting all wet on _____; d. Dwli will be putting items in a basket on _____; dd. Dwli will be using a racket on _____; e. Dwli will have a kiss from his Granny on _____.

2. This is your diary. Choose which day you're going to do these things and fill in the diary.
   Phrases: going to a friend's party; playing with my friend; reading a book; helping in the house; going swimming; watching my favourite TV programme; going shopping.

Ateb y cwestiynau:

a. Wyt ti'n mynd i siopa ddydd Sul?
(**Ydw** neu **Nac ydw**) _____

b. Pryd rwyt ti'n gwylio dy hoff raglen deledu?

_____

c. Wyt ti'n darllen llyfr ddydd Iau?
(**Ydw** neu **Nac ydw**) _____

ch. Pryd rwyt ti'n mynd i barti ffrind?

_____

d. Wyt ti'n mynd i'r pwll nofio ddydd Mawrth?
(**Ydw** neu **Nac ydw**) _____

dd. Pryd rwyt ti'n chwarae gyda dy ffrind?

_____

e. Wyt ti'n helpu yn y tŷ ddydd Mercher?
(**Ydw** neu **Nac ydw**) _____

DWLI'S HELP FOR PARENTS:
Answer the questions: a. Are you going shopping on Sunday?
(**Ydw** or **Nac ydw**); b. When will you be watching your favourite
TV programme?; c. Are you reading a book on Thursday? (**Ydw** or **Nac ydw**);
ch. When are you going to a friend's party?; d. Are you going to the swimming
pool on Tuesday? (**Ydw** or **Nac ydw**); dd. When are you playing with your
friend?; e. Are you helping in the house on Wednesday? (**Ydw** or **Nac ydw**);
* Now, colour in the **Dyddiau'r wythnos** star on page 48.

Nawr, lliwia'r seren â
Dyddiau'r wythnos
arni ar dudalen 48.*

Chwilair
Y Tymhorau a Dyddiau'r wythnos

Helpa Dwli i ddod o hyd i enwau'r tymhorau a dyddiau'r wythnos. Cofia, gallant fod ar draws neu i lawr, am yn ôl neu'n lletraws.

L	N	B	C	G	E	O	Ch	R	B	B	C	Ll	T	T
Th	R	W	T	W	Rh	Ch	Dd	N	E	L	E	C	F	P
E	W	Dd	Y	A	L	U	S	L	U	N	M	A	Dd	F
H	D	G	Ch	N	R	E	Ch	R	E	M	E	F	I	H
R	A	P	I	W	Ll	M	Ll	M	M	A	Th	W	Y	Y
O	S	F	N	Y	E	U	O	A	G	G	W	D	G	R
C	E	W	L	N	O	Th	H	Ll	Ff	M	R	G	U	L
M	A	W	R	Th	Ll	T	D	N	O	E	Dd	Th	N	O
B	Th	E	S	H	U	F	E	P	F	B	N	Ch	O	H
Dd	S	U	E	D	N	W	U	S	Ff	Th	F	U	O	M
V	M	A	Ll	F	E	T	H	O	G	C	R	P	Th	S
Y	P	I	Rh	C	Ff	W	Th	Th	S	Ll	L	L	Y	U
F	A	L	C	G	O	O	L	C	O	I	D	J	D	T
U	R	R	L	I	B	N	F	J	W	Ll	Ch	O	T	R
O	O	E	I	D	F	G	G	F	R	B	M	S	U	L

gwanwyn

haf

hydref

gaeaf

Llun

Mawrth

Mercher

Iau

Gwener

Sadwrn

Sul

DWLI'S HELP FOR PARENTS:
Help Dwli find the names of the months of the year. Remember, they can be found across or down, backwards or diagonally.
gwanwyn = spring; haf = summer; hydref = autumn; gaeaf = winter;
Llun = Monday; Mawrth = Tuesday; Mercher = Wednesday; Iau = Thursday;
Gwener = Friday; Sadwrn = Saturday; Sul = Sunday.
* Now, colour in the **Chwilair** star on page 48.

Nawr, lliwia'r seren â **Chwilair** arni ar dudalen 48.*

Diffiniadau

Mae Dwli'n dweud:

Rwyt ti'n defnyddio **diffiniad** i egluro beth yw rhywbeth.

Er enghraifft:

Diffiniad o **Ddraig** yw 'anifail mewn chwedlau sy'n gallu chwythu tân'.

1. Chwilia am y diffiniad cywir i bob gair. Yna, lliwia'r gair a'r diffiniad cywir yr un lliw.

Gair	Diffiniad	
codi	a.	chwe deg munud
beudy	b.	mwy nag un llaw
sedd	c.	gwneud yr un sŵn â dafad
dwylo	ch.	symud rhywbeth i fyny; sefyll ar ôl bod yn eistedd neu'n gorwedd
awr	d.	math o dŷ ar olwynion sy'n gallu cael ei dynnu o le i le gan gar
brefu	dd.	cadair, stôl, rhywbeth i eistedd ynddo
swnllyd	e.	adeilad lle mae da neu wartheg yn cael eu cadw
carafán	f.	yn gwneud llawer o sŵn

2. Nawr darllen y diffiniadau hyn a cheisia ddyfalu beth maen nhw'n ei ddiffinio. Mae un enghraifft yn barod i ti.

Diffiniad	Beth yw'r gair?
a. pryd cyntaf y dydd	brecwast
b. anifail o Affrica tebyg i geffyl a stribedi du a gwyn drosto	
c. dyn sy'n creu swynion mewn straeon a chwedlau	
ch. aderyn â llygaid mawr sy'n hela anifeiliaid bach yn y nos	
d. adeilad lle mae pobl yn byw gyda'i gilydd	
dd. mwy nag un ddeilen	
e. yr hylif clir sydd mewn afonydd, yn y môr ac mewn glaw	

DWLI'S HELP FOR PARENTS:
Definitions
Dwli says: You use a definition to explain what something is.
For example, the definition of a **Dragon** is: 'An animal in legends that can blow fire'.
1. Look for the correct definition for every word. Then colour the word and the definition the same colour.
   codi = to get up (ch. moving something upwards; standing after being seated/lying down); beudy = cowshed (e. a building where cows are kept); sedd = seat (dd. a chair, stool, something to sit on); dwylo = hands (b. more than one hand); awr = hour (a. sixty minutes); brefu = to bleat (c. making the same noise as a sheep); swnllyd = noisy (f. making a lot of noise); carafán = caravan (d. a kind of house on wheels that can be pulled from place to place by a car).
2. Now read these definitions and try to guess what they define. One example has been done for you. a. first meal of the day = brecwast/breakfast; b. an animal from Africa similar to a horse covered in black and white stripes = sebra/zebra; c. a man who makes spells in stories and legends (dewin = magician); ch. a bird with large eyes which hunts small animals at night (tylluan or gwdihŵ = owl); d. building where people live together (tŷ = house); dd. more than one leaf (dail = leaves); e. the clear liquid found in rivers, the sea and in rain (dŵr = water).
Look in 'Geiriadur Gomer i'r Ifanc' (Gomer's Dictionary for Youngsters) for more words and definitions.
* Now, colour in the **Diffiniadau** star on page 48.

Chwilia yn 'Geiriadur Gomer i'r Ifanc' am fwy o eiriau a diffiniadau.

Lliwia'r seren â **Diffiniadau** arni ar dudalen 48.*

Rwyt ti'n un o sêr Dwli!

Yr wyddor

Llythrennau coll

Ydw / Nac ydw

Ydy / Nac ydy

Enwau

-au a -iau

Ansoddeiriau

Ansoddeiriau croes

-oedd

Berfau

-od

Cymariaethau

De a Gogledd

-i

Arddodiaid

Oedd / Nac oedd

Ar lan y môr

-ydd

Chwilair misoedd

Y Tymhorau

Y Gwanwyn

Yr Haf

Yr Hydref

Diffiniadau

Dyddiau'r wythnos

Chwilair

DA IAWN TI!

Newport Library and Information Service

DWLI'S HELP FOR PARENTS:
You are one of Dwli's stars!
Well Done!

48

Z797771